LES
DROITS ET DEVOIRS
D'UN PEUPLE LIBRE,

OU

LE TRIOMPHE DE LA LIBERTÉ
FRANÇAISE.

1789

(1)

AVIS.

L'ouvrage que j'offre aux Français n'est point un système, c'est un don plus utile; je ne prétends point les instruire, je veux seulement ranimer devant eux un rayon de leur propre flambeau afin qu'il les éclaire sur les idées fausses qu'on voudrait leur donner; de même que sur des armes dangereuses que des mains chancelantes et coupables ont employées pour l'éloigner du sein de l'empire,

J'ai été vivement affecté, je l'avoue, en jettant les yeux sur l'état de la France, j'ai vu combien les méprises volontaires méchamment insinuées l'ont défigurée, comment on cherche à égarer la multitude, j'ai vu enfin le voile hideux dont on l'a couverte, par des ridicules sur les nouvelles loix, et pour l'intérêt de mes concitoyens, j'ai cru qu'il était de mon devoir de l'arracher. On s'appercevra facilement, en lisant ces réflexions, que je me suis peu attaché à la forme et à l'agrément de la diction; mais mon ouvrage n'a pas besoin de cet avantage.

CE PRÉCIS CONTIENT NEUF CHAPITRES.

Le I traite des malheurs de la France, de la fermeté de ses Représentans et de l'influence de ses nouvelles loix chez tous les peuples,

Le II de la constitution, des moyens de l'assurer, de la conserver et de la vraie cause des troubles du royaume.

Le III développe le caractere d'un peuple libre, définit l'égalité politique, ses droits et ses limites.

Le IV de l'importance de bien choisir les officiers publics.

Le V des moyens d'assurer la tranquilité générale et de rendre les loix du royaume universelles, de la nécessité d'obéir aux loix et d'observer la subordination.

Le VI de la fermeté, et de la justice nécessaires pour assurer le nouvel ordre de choses et faire le bien général.

A 2

Le VII du divorce et du mariage des prêtres.

Le VIII de l'obligation des meres de nourrir elles-mêmes.

Le IX de l'éducation physique et morale des enfans.

———————

LA LIBERTÉ.

A LA NATION FRANÇAISE.

Iᴌ est tems de rapprocher l'homme de la nature, et la nature de la société. Éclairé du flambeau lumineux de la raison, par la défaite assurée de ce monstre infernal (*), qui a tyrannisé les peuples, depuis des siècles, je veux régner, dans peu, sur la surface de la terre. Nation courageuse et philosophe, tes lumières et ta bravoure m'ont séduit ! Je veux, par toi, instruire l'univers ; sois attentive à ma voix : elle t'enflammera d'un vrai patriotisme, et elle te rendra digne de jouir, en paix, de mes avantages injustement calomniés. Apprends à connaître le carractère de l'homme libre ; connais l'étendue et les limites des droits qui sont émanés de mes loix ; pénètre toi sincèrement des devoirs sacrés que

---

(*) La servitude.

A 5

j'impose au citoyen, pour lui en assurer la possession ! Ils ont pour base, l'exécution de la loi que, d'une voix unanime, tu as juré d'observer, à la face de l'empire ; tu ne peux les enfreindre, qu'en te couvrant d'ignominie, qu'en manquant à ton serment, et devenant ingrate et parjure, ta perte est inévitable, et tu m'éloignes, pour jamais, de tes climats.

Nation fière, et bientôt libre, apprends : que ce n'est qu'en comparant les événemens de la vie, que ce n'est qu'en se représentant les vicissitudes forcées de chaque époque, que l'homme sage n'a du la juste vénération qu'il a acquise chez tous les peuples policés. Je vais, par l'organe d'un de tes concitoyens, te peindre l'origine de tes malheurs, te rappeller la fermeté de tes représentans persécutés, et te faire connaître l'écueil que tu dois éviter, pour doubler, sans danger, le cap qui te sépare encore de mes heureux rivages. Je vais, enfin, mettre au grand jour le principe des troubles qui ont agité ton sein, à mon approche, te développer le bonheur que je te prépare, et t'indiquer les moyens de le rendre invariable. Docile à ma voix, par la sagesse de mes conseils, par les bienfaits incontestables de l'ordre de choses qui va s'opérer, par ma volonté, tu forceras les esprits à se réunir, et tu rendras, même, justice aux mécontens. Le riche verra que, s'il n'a de jouissance réelle, que le bonheur de ceux qui l'entourent, il n'est pas de plus grands malheurs et de plus grands dangers que leur extrême nécessité, et rapprochant ses principes de la vérité, il concourrera à leur existence. Le noble, s'appliquera à l'étude et au commerce ; le soldat, verra dans la prescription sage de ses devoirs, et leur exécution, son état et sa fortune. Le matelot, cet homme précieux dont l'intrépidité maîtrise la tempête, et ne porte que des coups terribles à l'ennemi, aussi fier de ces fonctions, que jaloux de la confiance de la patrie, sera toujours un défenseur fidel. Mais, si, contre toute attente, par un destin fa-

tal, le ressentiment du riche, aussi mal
combiné, que coupable, se perpétuait,
le noble ne s'occupait que de moyens de
vengeance, et l'indiscipline se propageait;
dès-lors, toutes les opérations des forces
publiques seraient obstruées, tes villes,
jadis opulentes et peuplées, ne présente-
raient bientôt que l'indigence et ses hor-
reurs, tes campagnes fertiles et tes gras
paturages, des terres incultes et des ma-
rais, par la mésintelligence du cultivateur
et du propriétaire. La contribution publique, ce tribut sacré qui peut, seul, réparer les pertes de l'état, cette redevance légitime de chaque citoyen, ne serait qu'il-
lusoire; les engagemens publics seraient
nuls, la confiance serait trompée, le trésor national, toujours vuide, ne serait d'au-
cunes ressources, des maux irréparables
se succéderaient, et la France, menacée
d'un embrasement général, forcerait la
sagesse de tes augustes représentans dans
ses digues.

L'assemblée nationale, comme un pi-

lote habile dont la direction du gouvernail,
se trouve soumise à la violence de la tempête, au lieu de quitter son poste, comme
l'espèrent les mécontens, déterminée à s'en-
sévelir sous les flots, ou de ramener son
équipage au port, redoublerait d'activité,
et ne s'attacherait qu'à suivre la lame, pour
éviter le naufrage de l'état, forcée de se conformer aux principes des législations pri-
mitives dans les maux urgens de la patrie,
déjouerait bientôt, par son courage invincible, les trames sinistres des mécontens,
premières victimes d'une loi, qu'eux seuls
auraient déterminée (*).

_____

(*) Dans un moment désespéré, le sublime
des Législateurs n'est pas de pourvoir aux abus;
mais de les modifier et d'éviter les plus grands.

CHAPITRE PREMIER.

De l'origine des maux de la France.

L'ABUS d'autorité, l'injuste distribution
des graces, et la mauvaise administration
des finances, qui, depuis près de deux
siècles, augmentaient journellement la
dette de l'état, ayant enfin épuisé ses fonds,
en 1787, les hommes chargés des trésors
de l'empire, aussi étonnés du moment,
qu'attentifs à couvrir la conduite qu'ils
avaient tenue, dans leur gestion, sous les
dehors d'une conscience timorée, propo-
sèrent de grands projets, seules ressources,
disaient-ils, d'éviter une banqueroute dés-
honorante et ruineuse, qu'intérieurement
leur ame criminelle préparait avec intrigue et finesse, par complaisance et par intérêt : bravant même les efforts d'une puissance secondaire, qui n'avait pas moins
d'ambition qu'eux, on les vit oser, cher-

cher à faire prendre le change à la nation ;
par des précautions simulées, vouloir se
rendre les arbitres des circonstances,
comme les seuls qui pouvaient la servir,
et prévenir les maux qui la menaçaient.
Le roi, instruit du mal, ne desirant que
le bien, ordonna la première assemblée des
notables (a). Ce fut l'époque du réveil des
Français, assoupis depuis des siècles. A
cette assemblée, des hommes éclairés dé-
veloppèrent avec énergie, le principe du
mal, et indiquèrent, avec connaissance,
les moyens de l'arrêter, et la manière de
le réparer. On discuta : mais, inutilement ;
on ne prit aucun parti pour remédier efficacement à la profondeur de la blessure de

---

(a) La première assemlée des notables se
tint, sous le reigne de HENRI II en 1558, dans
une chambre du Parlement. Ce fut dans cette
assemblée d'état que la magistrature prit séance,
pour la première fois, et formât un quatrieme
ordre, trois autres peu importantes se sont te-
nues depuis, en 1596, 1617 et 1626.

l'état. La dette, au lieu de diminuer, ne fit qu'augmenter, et ce réveil prématuré étouffé par la cabale des ministres maîtrisés par les courtisans du prince dont ils n'étaient que les adulateurs, se termina à l'aurore d'un beau jour, dont le déclin présagea le plus bel avenir.

En 1788, la France, dans la plus grande détresse, comme un vaisseau sur une mer orageuse, qui fait eau de toutes parts, prête à succomber à la violence de la tempête, ne vit son salut, que dans le concours unanime des siens. Le monarque, toujours d'accord avec lui même, ne s'occupant que de la misère publique, et des moyens d'y remédier, se détermina à assembler les états-généraux; mais, la convocation ne s'effectua que l'année d'après. Le premier mai de l'année 1789, fut le jour de la première séance de cette célèbre assemblée, qui fera époque dans les fastes du monde. Ses travaux du premier mois, ne présentèrent qu'une lutte continuelle des différens ordres qui, au lieu de traiter les affaires pu-

bliques, ne discutèrent que droits, priviléges et intérêts particuliers. La majorité
des communes chargée de pouvoirs, libres,
fatiguée des réclamations des deux autres
ordres, impatiente de s'occuper de la chose
publique et de ses intérêts, dont ils étaient
également dépositaires, sans faire attention au mauvais traitement qu'elle rece-
vait de la cour, le 17 juin, jour à jamais
mémorable dans l'histoire du siècle, en
adoptant des avis pleins de sagesse et de
fermeté de plusieurs de ses membres, em-
brasée du feu ardent dont l'amour de la
liberté pénétre les âmes, jurà de rompre
les chaînes avilissantes des Français, et en
s'estimant ce qu'elle était effectivement,
se déclara assemblée nationale, chargée
d'un pouvoir libre.

Les adhésions multipliées de toutes les
parties de l'empire, aux premiers décrets
de cet auguste sénat, sur la légalité de l'assemblée, et sur la ligne de démarcation des
déléguans au délégué, confirmèrent le principe. La division des pouvoirs fut déter-

minée (b) ; et à l'appui de la déclaration des droits de l'homme social , fut le point fondamental d'une constitution sage, qui a pour base la morale de la nature , et pour principe, les dogmes de la raison.

Le chef-d'œuvre de l'homme est le meilleur des gouvernemens; le Français sera l'artiste parfait : la sagesse de ses loix va, sans en douter, le rendre universel Quelles seraient les puissances assez ennemies de leur bonheur, pour ne pas l'adopter, en secouant le joug qui les opprime , contre tout droit naturel ; elles assureront la paix générale , et jouiront aussitôt de ses dou-

---

(b) Toute autorité est illégale et même nulle si elle n'a pour baze un principe légalement reconnu, mais revêtue de cette sanction, elle doit être inviolable pour tous les êtres qui vivent en société. Le pouvoir d'un Roi resserré dans les limites que prescrit l'intérêt public, devient plus sacré, puisqu'il est légitime, plus assuré, puisqu'il est accordé par la volonté générale, légalement assemblée.

ceurs ; plus fortunées que la nation qu'elles prendront pour modele , par un accord parfait , et une seule et unique volonté , elles n'auront qu'à parcourir une route tracée , que cette nation courageuse vient de pratiquer , au travers de montagnes escarpées , de précipices affreux , malgré la rapidité des torrens qui s'y opposaient , dont les sources inconnues et élevées multipliaient les obstacles.

Dès lors , la contribution publique , ce fardeau nécessaire pour faire face aux dépenses qu'exigent les correspondances politiques (c) , et l'entretien des forces publiques se réduira aux frais que nécessiteront les dépenses de leur administration intérieure , dès l'instant que réunies par des liaisons franches et loyales , sans craintes ulté-

---

(c) Ces écoles diplomatiques aussi humiliantes pour l'instituteur que pour la nation , où l'instruction a pour baze l'art de feindre , et où le mensonge est réduit en préceptes mistérieux , cesseront d'exister dès ce moment-là.

rieures, toutes les nations se diront, d'une voix unanime, soyons amies ! La raison n'offre qu'une route : que les loix de la France soient celles de l'Europe. Ne voyons dans les souverains, que les dépositaires de la loi, et la puissance absolue dans la volonté commune. Pourquoi hésiter de nous rendre au vrai principe; pourquoi rester dans les ténèbres, ayant la lumiere à notre disposition ? L'époque de notre réunion sera le plus beau jour des humains, et le bonheur de la société : ce sera le triomphe du commerce, puisqu'elle assurera la confiance générale, la perfection des arts et des talens, puisqu'elle facilitera la concurrence universelle, et même le frein du crime, par le vain espoir d'un repaire ignoré.

Cessons donc d'être les dupes de sophismes rusés, de ministres fourbes et adroits, qui nous commandent au nom d'un souverain, qui n'est que leurs humble serviteur, et qui nous promettent modestement un bonheur réel au dépens de nos biens ;

biens, de notre sang, et de celui de nos
voisins. Homme barbare et ambitieux, mi-
nistre arrogant ! ne compte-tu pour rien
la vie des hommes ? qui t'a donné le droit
d'en disposer à ton gré ? Pour défendre
une portion de terre usurpée, ou pour
avoir un privilége chymérique, la foudre
gronde et menace ta tête altière, redoute
ses effets. Un revers subit va abbaisser ton
orgueil, la raison, dans peu, rendra à
l'Europe entière une paix durable.

Il est une maxime incontestable d'un
Français, (d) qui a illustré son pays par
ses talens, et éclairé son siècle par ses
écrits, (le premier qui fut roi, fut un
soldat heureux,) ne la perdons jamais de
vue, et consultons l'histoire, nous verrons
bientôt le charme cessé, l'idole renversée
et foulée aux pieds, sur ses propres autels.
Elle nous apprendra que les souverains ne
sont que des descendans de guerriers ou
de conquérans, dont l'autorité aussi illé-

_____

(d) Voltaire, tragédie de Mérope.

B

gale qu'injuste, n'a eu pour principe que
des proclamations tumultueuses, extrava-
gance de l'enthousiasme. Nous saurons que
ce n'est qu'aux dépens des dépouilles et
des richesses des peuples conquis , qu'ils
ont secondé leur ambition en s'assurant
du soldat largement payé, (e) et du suffrage des prêtres , (f) dont l'esprit supers-
titieux dirigeait la volonté des peuples,
qui étaient alors dans une parfaite ignorance. Dès que le tems a paru suffisant
à ces usurpateurs, pour faire, oublier de
la multitude l'illégalité de leurs pouvoirs ,

(e) Jule-Cesar pour avoir la confiance aveu-
gle de son armée, s'était fait une loi de partager
avec ses soldats vainqueurs les dépouilles du
vaincu.

(f) En parcourant, l'histoire nous verrons
que les évêques français, par haine pour l'aria-
nisme, favorisèrent Clovis dans ses conquêtes,
et la reconnaissance de ce prince à leur égard,
fût la source de l'autorité illégale et injurieuse
aux droits canoniques qu'ils avaient conservés
jusqu'à ce jour, Année 511. p. 3 hist. de Fr. Hen.

ils s'en sont servis à main armée, pour
faire reconnaître légitime une autorité
usurpée qu'ils s'enlevaient réciproquement
par la perfidie et la force des armes (g).

Comme l'abus est fils de l'erreur, le
principe qui les avait élevés, pouvait seul
les soutenir. Les lois premières des peuples qu'ils avaient subjugués ne devinrent
bientôt dans leurs mains sanguinaires que
le jouet de leurs caprices, disposant au gré
de leurs passions, et des circonstances de
la vie et de la fortune de leurs sujets. On
vit à la longue, par une autorité aussi abu-
sive que contraire à la justice, l'honnête
homme, l'homme instruit aux ordres barbares et effrénés de l'ignorant audacieux,
qui n'avait pour existence qu'une impu-
dence révoltante, qu'une ignorance crasse,

_____

(g) Nous voyons dans le même historien
que le mauvais traitement et l'injustice de Pepin
dit le Bref, premier roi de la deuxieme race, à
l'égard de Childeric III à qui appartenait la cou-
ronne, l'en frustrerent. Année 750. p. 42.

B 2

dont il masquait le ridicule par un amour-propre désordonné (h).

L'injustice, la fausseté et la tolérance du mal faisaient la base du système de ce gouvernement, où l'échaffaud seul faisait le crime, et où l'homme devenait vil, sans cesser d'être honnête. La destitution arbitraire des gens en place, l'oppression fréquente de l'innocent sans protection, les graces sans nombre qui s'accordaient tous les jours par la faveur des grands à l'infâme déprédateur du bien des autres, au scélérat, même à l'assassin ne prouvaient que trop l'absurdité d'un gouvernement aussi contraire à la saine raison, sans craindre de se rapprocher de la brûte, et se faisant gloire par une sotte fierté de braver tout sentiment raisonnable ; il est des hommes assez vils, assez intéressés, assez ambitieux pour regretter par orgueil un tel ordre

_____

(h) Les gouverneurs de Province, les intendants et même les juges royaux.

de choses. Ah ! malheureuse humanité,
que tu es à plaindre, d'admettre au pacte
social, des hommes aussi peu dignes de
l'être.

Empereurs ! Rois ! l'assemblée nationale
de France vient de déclarer à la face de
l'univers, les droits de l'homme, aussi
justes qu'injustement méconnus ; les préceptes sages qui sont émanés de cette déclaration viennent d'infirmer votre autorité, et répandant un nouveau jour sur le
continent, rendent l'homme à la nature,
et la nature à la vérité. Le moment est
pressant, vos prétendus sujets liment
leurs fers ; soyez justes, soyez vertueux,
n'espérez plus de conquêtes aux dépens de
leurs sang et de leurs sueurs ; le flambeau de la société éclaire leurs pas, ils
connaissent leurs droits et apprécient les
vôtres à leur juste valeur, ils savent que la
société réunie, peut seule, par des conventions sages, déléguer le pouvoir de
reconnaître les coupables, et de disposer
de leur vie ; mais que la volonté d'un seul

est une autorité usurpée qui ne peut rien
sur la volonté des autres sans rendre criminel son auteur. Que la loi naturelle (i) soit votre guide et la voix de la
raison, le chef de vos ordres, où tremblez
d'être au premier instant victime de votre
erreur, et obligés dans peu, de ne vous
rappeller de vos anciens honneurs, que
pour des trophées de honte et d'opprobre
justement mérités.

(i) Sans doute cette loi divine
    Connue avant les souverains,
    Ne peut devoir son origine
    A la volonté des humains.
    Toujours pure et toujours auguste,
    Elle habite le cœur du juste
    Et le cœur du plus avili.
    Fille du ciel dans tous les âges,
    Elle triomphe des outrages
    Du desposisme et de l'oubli.

Trag. de Soph.

CHAPITRE II.

De la Constitution Française, des moyens de la conserver en son entier, principe des troubles du royaume.

Si l'homme réunissait toutes les perfections possibles, la liberté eut été de tout le tems, elle eut régné sur tous les peuples, à l'abri de toutes craintes, les sociétés auraient joui d'une communication libre et franche, jamais un peuple n'aurait prononcé l'arrêt de mort d'un autre, (a) les propriétés et la sûreté individuelle de leurs membres, n'auraient jamais été en danger, et elles n'auraient eu nullement besoin d'un ordre politique, mais comme ce genre de perfection n'existera jamais, elles sont donc

(a) Déclaration de guerre.

B 4

obligées d'adopter un ordre de gouvernement qui, en leur assurant leurs droits,
leur impose des devoirs sacrés pour les
conserver.

La constitution qui va diriger les Français, a pour base les droits de l'homme
en société. Cette déclaration sublime, dont
la sagesse milite avec avantage contre toute
calomnie, en développant les attributs du
vrai caractère de l'homme libre, lui prescrit ses droits comme homme social, et
ses devoirs comme citoyen. La loi y est à
côté du droit, le droit à côté du devoir.
Chaque article est une maxime qui met
en exécution des préceptes sages et naturels, qui ne peuvent être considérés sous
un rapport différent, que par ignorance
ou mauvaise foi, puisqu'ils combinent les
avantages de la liberté avec la sûreté individuelle, le maintien de la société, et l'assurance des propriétés.

Cette déclaration, quelque sage qu'elle
soit, n'eut été qu'un moyen de trouble
et de division dans un état soumis au

pouvoir arbitraire ; mais dans un gouvernement, où le système politique est émané des lois naturelles, elle ne peut qu'opérer un bien réel, et deviendra même l'appui de la loi, à mesure que les Français en connaitront la valeur. D'accord au principe de sagesse qu'elle renferme, cette constitution qui vient de déclarer la nation libre, doit lui assurer les moyens de jouir des avantages de la liberté, sans cela, elle n'aurait fait qu'un mal irréparable.

Le gouvernement Français est partagé en deux corps distincts, dont les fonctions séparées ne peuvent jamais être confondues, et ne peuvent avoir une puissance coercitive au préjudice de l'ordre du gouvernement, sans exposer l'intérêt de la nation et la sûreté commune. Je ne prétends point parler de la législature présente, car les fonctions d'un architecte, qui est envoyé pour bâtir en entier un édifice, sont bien différentes de celles que doit remplir celui qui n'a que les dégradations des tems à réparer. Le premier doit avoir indispensablement à sa disposition , l'étendue du terrein , les matériaux et les ouvriers ; l'autre ne doit agir qu'en raison des besoins.

Le pouvoir législatif est le premier de tous les pouvoirs : la nation Française doit donc s'attacher à lui conserver son activité qui , seule lui assure la primatie. Ses fonctions actives consistent à faire des lois , à veiller à leur exécution , et par sa surveillance , il se trouve avoir inspection sur le pouvoir exécutif, ou plutôt, sur ses fonctions , car le roi , par son droit négatif de sanction , prérogative , qui constitue la monarchie , devenant partie intégrante des deux pouvoirs , est le chef de la nation.

Que les Français n'oublient jamais que quand la législation aura finie en quelque sorte son ouvrage , la prépondérance du législateur diminuera , car il est de la nature de l'homme de s'éloigner de celui avec qui il a un moindre rapport d'utilité ; elle doit donc , par une loi sage , opposer une barrière invincible à cet éloignement. Sans cette précaution, le pouvoir exécutif qui n'en sera que plus surveillant, et dont les fonctions (b) morales, politiques et positives, qui le rendent nécessaire à chaque instant, lui rendraient bien vîte par besoin et par usage, des prérogatives abusives que la justice lui avait ôtées.

Les législatures suivantes doivent être moins faites pour faire des lois, que pour empêcher le pouvoir exécutif de les transgresser. Je ne parle point de ces conventions nationales, qui sont nécessaires après un certain tems, pour se conformer à la nature du cœur humain, et indispensables pour remédier à l'introduction de certains abus que fait naître l'action insensible de l'usage des choses. La souveraineté résidera toujours dans le peuple, mais il ne peut en déléguer la plénitude à ses repré-

_____

(b) Les commissaires du roi, les ambassadeurs et l'armée.

sentans qu'après certains intervalles, sans
vouloir la perte de l'état, et il ne doit assurer définitivement le pouvoir du corps
législatif qu'en lui imposant un réglement
fixe, une loi constitutionelle et fondamentale, qui l'empêchant d'abuser de sa
puissance, lui rappelle qu'il est son délégué, et que son pouvoir n'est que cons-
titué. Deux motifs puissans vont ap-
puyer mon assertion, le premier c'est que
si chaque législature avait un pouvoir il-
limité, ce serait mettre la constitution
dans une instabilité continuelle, instabilité bien à craindre pour les bons citoyens,
car ils feraient triompher les mécontens
qui fondent toutes leurs espérances sur
un pareil ordre de choses. La France se
verra dans une anarchie indéfinie, chacun
agirait, et ferait agir au gré de ses
intérêts, et son gouvernement croule-
rait bientôt sur ses propres fondemens.
Le second motif n'est pas moins intéressant, c'est que, comme je l'ai dis plus
haut, le pouvoir immuable et suprême,

devant n'exister que dans la volonté du peuple, pour consolider ce droit ; il doit donc une entière soumission à la loi qu'il a faite par l'organe de ses représentans, et qui fait la base de la constitution à laquelle il a juré fidélité, car s'il dérogeait, il exercerait bientôt, sans régle, la puissance législative, il n'aurait plus de gouvernement, et ce qu'il appelle liberté, serait le comble de ses malheurs ; puisqu'il ne sortirait de l'abîme que pour rentrer dans le cahos.

La nation Française, fidele surveillante de ses intérêts, doit donc nécessairement conserver, dans toute son intégrité, chaque pouvoir, comme il est ordonné par la loi, et elle ne peut y déroger, sans courir les risques de voir l'un des deux, sapé par l'autre, et son empire bouleversé.

Le pouvoir suspensif du roi, est un droit représentatif qui va directement au grand but que se propose une société politique, immense par le nombre des membres qui la composent, qui est de se conserver, en conservant sa constitution. Par

cette prérogative, le roi a un moyen de
suspendre, pour un temps, les propositions de la loi, faites par le corps législatif, qui seront nulles, si les législatures
suivantes n'en reconnaissent pas l'utilité;
mais qu'elles présenteront de nouveau à
la sanction royale, et qui en seront accep-
tées, si elles tendent au bien général. Cette
suspension n'est donc qu'un moyen de faire
apprécier à sa juste valeur la proposition,
et sous quelque face que l'on puisse envi-
sager ce droit négatif, en conservant chaque pouvoir en son entier, on verra un
ordre de gouvernement admirable, peut-
être le seul pour faire le bonheur d'un grand
peuple. Il est impossible de penser que cette
loi sage, qui ne peut faire que le bien de
la nation soit un abus; car on ne peut pas
présumer, et il ne peut jamais arriver que
le roi refuse son consentement à un pro-
jet de loi qui serait d'une utilité incontestable, et dont le retard serait évidemment
préjudiciable à l'intérêt commun.

Français, la constitution sera plus oné-

reuse à la génération présente , qu'aux
futures ; vous lui avez juré une obéissance entiere , une soumission absolue :
vous devez donc surveiller principale-
ment les ressorts politiques qui ne s'ac-
corderaient point à son principe d'organisation ; c'est par des riens, c'est par
des changemens presque insensibles , que
les ministres , fidels partisans d'un gouvernement où ils avaient une puissance entiere , parviendraient bien vite à le faire
renaître. Comme il n'y a que l'homme de
génie qui puisse mesurer d'un coup d'œil,
les événemens qui peuvent résulter de leurs
actions , en distinguer les motifs, et en développant les causes premières , détermi-
ner avec assurance leurs issues, la responsabilité ne suffit point pour vous mettre
à l'abri de leurs coups imprévus, dont les
effets seraient, peut-être irréparables, et
leur évasion aisée, et souvent nécessaire
au succès de leurs opérations criminelles,
rendant vos poursuites vaines, vous ferait
voir, mais trop tard, l'insufisance de cette

loi. Pour ne point exposer la chose publique et ses intérêts, pour tranquilliser le
plus grand nombre, qu'indépendament de
la responsabilité, d'après une accusation
publique, notifiée directement et légalement contractée, leurs fonctions soient sus-
pendues par la loi, jusqu'à ce qu'ils soient
pleinement justifiés (c). Suspendre les fonctions d'un homme public, d'après une dé-
nonciation faite par un ou plusieurs citoyens, fut-elle fausse, ce n'est pas le blâmer, ce n'est pas le rendre criminel ; ce
n'est même pas être injuste, puisque ses
fonctions lui seront rendues, en public,
dès le moment de sa justification, et qu'il
sera autorisé par la loi générale, de pour-
suivre légalement les calomniateurs, aveuglés par l'injustice, ou par le trop grand
zele. Cette loi est indispensable, pour assurer.

(c) Les travaux publics ne souffriront point,
il est dans chaque administration des sousordon-
nateurs qui font toutes les opérations.

surer votre gouvernement, et faire naître
le calme. Vous assurerez l'intérêt général, et ferez le bien particulier ; car, l'opinion publique, dans un moment de crise,
est plus à craindre pour la sureté individuelle, que les effets de la suspension pro-
noncée par la loi, qui deviennent pour lui
une sauve-garde assurée. La crainte res-
pective d'être inculpé, ou de se compro-
mettre publiquement, rendra les dénon-
ciateurs réservés, et empêchera toutes pré-
varications (d).

Que les ministres Français connaissent,
et jouissent des douceurs de la liberté :
qu'ils ne portent au conseil qu'un flambeau de lumière et d'équité : pénétrés de

_____

(d) L'imprudent et l'audacieux qui n'a pour
l'ordinaire pour tout talent qu'un vain nom toujours esclave de ses anciens préjugés trouvera
dans cette place son tombeau, par la surveillance du patriotisme.

Un petit génie et l'ignominie, en France l'honnête homme saura respecter les loix, mais ne
les craindra jamais, cette place ne sera desormais que l'appanage de la vertu et du mérite.

C

l'esprit de la constitution, qu'ils soient les
justes défenseurs des prérogatives du pouvoir qui les employe, mais qu'ils soient fidels à la loi : que le magistrat trouve, par
leur organe, un appui dans les réclamations de nécessité, et que le peuple ne voye
en eux que de bons citoyens, dont le ci-
visme pur et intact, exige de sa part une
entière confiance. Leur considération éga-
lera leurs fonctions, puisqu'en combinant
les mouvemens particuliers à l'intérêt général, ils assureront le bonheur de tous,
en ne faisant des différens pouvoirs qu'une
lumière commune, dont l'éclat ne réflé-
chira que des rayons nécessaires et pro-
portionnés à son centre d'activité.

O ma patrie ! quand luira ce jour fortuné, où la nation sûre de la paix intérieure, répétera d'une voix unanime, avec
l'expression de la sincérité, la France est
le seul gouvernement raisonnable : cessons
d'être injustes envers nos législateurs, envers des hommes intègres qui ont fait sortir du sein des ténèbres, la vérité, recon-

naissons leurs bienfaits : méprisons ces ames viles qui empoisonnent la pureté de leurs intentions, et répliquons à leurs sophismes.

De la seule raison salutaires interprètes,
Sans éblouir le monde éclairent les esprits,
Ils ne parlent qu'en sages, et jamais en prophètes,
Cependant on les crû, et même en leur pays.

Au mépris des cabales et de la fausseté, je dis la fausseté, car les recherches multipliées des mécontens riches et puissans auraient infailliblement découvert et mis au grand jour les bassesses supposées. Ne voyons dans ces hommes que les fonctions placent au premier rang des humains, que de vrais citoyens, d'excellens patriotes qui n'ont calculé que l'intérêt public et le bien de la patrie, foulant aux pieds les titres et les honneurs, annulant toutes prérogatives contraires à l'ordre de la nature, par leurs lumieres et une fermeté héroique, d'un embrasement général et du sein de la discorde, ils viennent de créer un ensemble que l'intérêt avilit, et dont la raison prouve le merveilleux. Au lieu de

C 2

prêter une oreille attentive aux sarcasmes
les intéressés et des malveillans, déchaînés
contre la sagesse de leurs travaux, citoyens
de tous les sexes et de tous les états, ana-
lysez les maux du moment, réfléchissez sur
leurs vraies causes, et vous forcerez l'esprit de parti jusques dans ses retranche-
mens. Vous trouverez dans l'étonnement
de la multitude et son peu d'instruction,
le principe des premiers mouvemens po-
pulaires qui ont fait trembler les agens des-
potiques. Ces ambitieux intéressés voyant
leur défaite assurée et leur perte inévitable, n'ont vu de ressources que la mauvaise foi, la bassesse et la séduction. A l'appui de pareils moyens, ils ont été assez
peu délicats d'inculper des hommes qui
n'avaient de torts, que de dévoiler les abus,
ou de ne pas penser comme eux ; Se nour-
rissant d'un espoir horrible, dont l'idée fait
frémir l'humanité, ils ont cru leur triomphe assuré, en voyant le peuple de diver-
ses contrées fanatique, égaré par les calom-
nies les plus insidieuses, chancelant sur
le parti qu'il avait à prendre. C'en était fait

de la liberté ; et le sang des Français allait couler à grands flots si, un Dieu tutélaire, (f) conservateur des droits légitimes que l'orgueil et l'intérêt ont cherché vainement à calomnier, la foudre (g) à la main, n'eut maîtrisé toutes démarches criminelles, et n'eut fait retentir dans toutes les contrées de l'empire la voix de la raison. A ce langage infaillible (h), la vérité s'est montré au grand jour, et le peuple Français a distingué ses droits et ses intérêts. Par un malheur essentiel à l'homme, le besoin est inséparable de son existence ; ce qui l'intéressait davantage, a seul fixé son intérêt du moment, en oubliant que le droit le plus sacré cesse d'exister, dès qu'il viole le devoir qui l'assure. A la vue du gouffre horrible dont il sortait, aussi étonné qu'humilié du poids des chaînes avilissantes qu'il

_____

(f) Le patriotisme.

(g) Les milices nationales.

(h) Dès lors, tous les Journalistes dévoués à la chose publique, dont la plume vaut un corps d'armée, pour la tranquillité de l'empire, comme fideles sentinelles de tous les postes, ont tenu par leurs écrits, l'esprit des Français dans l'éveil.

portait depuis des siècles, une indignation
naturelle a succédé à son incertitude; la
déprédation des finances lui a paru un vol
manifeste, un abus de confiance; la féodalité, une redevance humiliante, et le
pouvoir arbitraire, le fléau de l'humanité.
Plus malheureux que criminel, en recou-
vrant la liberté, il n'a vu que des coupables; sans consulter la loi, il s'est cru autorisé à se faire justice lui-même; à peine
rendu à la lumière, il n'a fixé ses regards
vengeurs que sur le tyran qui l'avait injustement opprimé; non-content de brû-
ler des monumens dont les trophées ne
lui rappelaient que des tems d'horreur, il
a outragé la nature. Voilà les emportemens
si blâmés par l'orgueil et la cupidité écu-
mantes de rage, et peut-être jalouses, dont
l'homme sage, en développant les causes,
se contentera de plaindre les effets, en dé-
plorant le malheur des temps.

Citoyens, tels seront les événemens irréparables d'une révolution subite chez un
grand peuple qui, se déclarant libre et
indépendant, foule aux pieds un gouvernement servil, dont l'antiquité ne lui rend

que plus détestable, et dont la moindre
opposition le porte à un mouvement de
fureur qui le rappelle, pour ainsi dire, à
son état primitif, et non pas les effets do
factions imaginaires, qui n'ont jamais
ex stés que dans l'esprit de factieux méprisables, qui ne les ont inventées que pour
fixer les esprits, tromper le peuple, et les
réaliser d'un autre genre.

CHAPITRE III.

Du caractère national d'après l'égalité poli-
tique, définition de cette égalité, ses droits
et ses limites. Abolition de l'esprit de
corps.

MALGRÉ l'intérêt, l'ambition et le fanatisme, la vertu et les talens triomphent
du vice et de l'ignorance ; à l'abri du des-
potisme et de ses loix arbitraires, le Français cesse d'être l'artisan de l'erreur. Le
voile qui cachait à sa raison un nouvel
univers s'est dissipé, et ses idées sont

C 4

devenues grandes comme les opérations de son auguste assemblée. Bientôt, par un caractere décidé (a), que l'on ne peut rencontrer que chez un peuple libre, par cette grande qualité qui fait la sureté des états, comme des individus, tout-à-fait opposé à l'instabilité de son ancien gouvernement, il prouvera ce que peut l'homme qui n'a pour frein de son courage que des loix justes et raisonnables. En France, toutes grandeurs de convention viennent de disparaître; des titres vrais et incontestables vont être substitués à des titres faux; le mérite personnel sera tout; la place ne sera plus pour l'homme, mais l'homme pour la place; l'honnête homme rougira de n'être connu que par ses peres; il ne

(a) L'homme qui n'a pas de caractere, est un fléau de la société; c'est un visage sans physionomie, qui, chez Antoine, est l'ami de César, et son assassin, chez Brutus. Une loi de Solon déclarait infâmes, tous les citoyens qui, dans une sédition, ne prenaient pas un parti. Ce sage législateur ne pensait pas à autoriser des rebelles, mais à punir des hommes sans caractère.

verra de distinctions (b) honorables que la
vertu et les talens ; elles seules feront son
bonheur ; leur influence dans le système
social prouvera qu'elles ne sont que des
nuances formées pour son juste équilibre,
et qu'elles ne peuvent jamais inspirer de
vanité à ceux qui les posséderont, puisqu'elles ne seront apperçues que dans
leurs rapports à l'utilité commune. Dr.
de l'homme, art. 1. (c).

———————————

(b) Les distinctions accordées aux talens et à
la vertu honoreront le citoyen qui n'en jouira
que, pour faire le bien public, ne reconnaissant
dans cet honneur, que de plus grands engagemens
à remplir. Sans m'étendre sur les abus successifs
qu'a fait naître une loi naturelle, dénaturée par
un vain amour propre, je dirai que, chez les Sauvages, la force a fait la noblesse et la distinction
réelle entre les hommes ; mais, chez un peuple
policé et instruit, où la force est soumise à un
ordre de choses qui en prévient et réprime la violence, la noblesse doit être nulle, comme une distinction tout-à-fait individuelle, accordée par la
nature.

(c) Art 1. Tous les hommes naissent et demeu-
rent libres, égaux en droits ; les distinctions so-

Le Français ne se rappellera des féoda-
les qui l'ont tyrannisé, depuis un temps

---

ciales ne peuvent être fondées que sur l'utilité
commune.

Cet article présente deux maximes qui consti-
tuent les prérogatives d'un peuple libre. La premiere, en rappelant l'homme à son existence primitive, qui est une égalité incontestable, ne doit
pas faire oublier aux Français que, s'il leur procure les moyens de réclamer sans préférence, et
même d'exiger leurs droits, comme citoyens, si,
contre les loix politiques de la France, l'ordre social dérogeait oux regles établies pour le leur
conserver, ils ne doivent jamais faire valoir ce
droit d'égalité, pour se soustraire à la loi, sans
se rendre coupables.

En vertu du même article, par la seconde maxime, ils doivent donc, sans s'autoriser de l'égalité, voir dans le juge et le magistrat, des hommes
qu'ils ont choisis et distingués pour l'utilité de
tous, à qui ils doivent une juste déférence, et
aux ordres desquels ils doivent se rendre, quand
ils sont les organes de la loi. S'ils sont soldats, ils
doivent savoir qu'ils cesseraient de l'être, s'ils se
prévalaient de l'égalité, pour réduire leurs devoirs
à leur volonté, et qu'ils seraient criminels, s'ils
n'avaient pas une entiere obéissance aux ordres

immémorial(d), qu'en plaignant les généra-
t'ons passées de s'être soumises aveuglé-

de leurs chefs qui ne sont que les interprètes d'une
loi juste, jugée nécessaire et indispensable par la
nation qui vient de les combler de bienfaits.

(d) Les fiefs n'étaient que des droits honorifi-
ques exécutés par l'ignorance, qui n'avaient pour
base que l'orgueil et l'usurpation successive. Hist.
de Fr., année 845, page 90, Henr. Ces droits
exigeaient foi et hommage du vassal, au seigneur;
mais, ce dernier était obligé à des charges aux-
quelles la plupart ont manqué, ce que prouvent
les arrêts rendus en 1255, contre les seigneurs
de Vernon, en 1287, contre le comte d'Artois.
Il était donc juste de réformer des droits, dont
les titulaires puissans dérogeaient aujourd'hui à
à leur gré aux institutions premieres, et même
en annulaient le principe. L'abolition du régime
féodal va procurer un grand avantage à l'état ;
c'est l'augmentation de l'agriculture par l'encou-
ragement des propriétaires. Ce dernier qui n'a-
vait qu'une médiocre fortune, n'améliorait pas
son champ, comme il le fera; car le droit de lods
et ventes absorbait tellement le gain de sa culture, et était si lucratif au seigneur, qu'en France,
le propriétaire peu riche n'était, pour ainsi dire,
que le fermier de son bien.

ment à un ordre de choses aussi injuste
que deshonorant, aussi à chargé aux propriétés qu'au propriétaire. L'égalité dans
le système politique, en généralisant les
rapports d'intérêt, va nécessairement rapprocher les individus. Dès lors, la loyauté
et la franchise, malgré l'intrigue et la fausseté, prenant la place de l'ambition, vont
changer ses usages, réformer ses coutumes,
simplifier son mode d'expression, et améliorer ses mœurs, dont la simplicité aus-
tere apprendra bien-vîte à la compagne de
ses plaisirs et de ses peines, que tout principe qui dérive de ces belles qualités ajoute
le charme de l'intérêt à celui de la beauté,
et que ce qui multiplie les jouissances, est
le contrat tacite qui lie les gens de bien,
contre lequel l'homme dépravé ne reclame
que, parce que son cœur lui a défendu
d'être heureux. Le changement le plus réel
dans nos usages, et la réforme la plus subite dans nos coutumes, serait une nou-
velle maniere de nous exprimer et de nous
communiquer ; ce serait la véritable pierre

de touche qui distinguerait l'esclave de l'affranchi, le citoyen du sujet. Ce changement qui rendrait notre langage mâle et nerveux, paraîtra au premier aspect, à l'homme fidel, aux usages de son siecle, un ridicule impardonable aux ames pusillanimes qui n'existent que dans la crainte et la frayeur, une habitude impossible à contracter aux êtres méprisables qui ne vivent que pour ramper, un vice de bienséance, et peut-être même à la multitude qui jugera, sans se donner la peine d'examiner, une singularité. Mais, à l'être réfléchi qui lit dans le cœur de l'homme, qui calcule tous les événemens, au citoyen vraiment patriote et pénétré des effets progressifs que doivent faire dans l'esprit de la nation les dogmes de la constitution, une proposition juste; irrévocable et parfaitement d'accord avec le système politique qui va le diriger, et peut-être même le moyen le plus sûr pour faire disparaitre l'arrogance de l'ancien système, et exposer à l'humiliation publique les hommes accou-

tumés à ramper, qui seraient les derniers
à adopter ce genre d'expression. Le mode
d'égalité se ferait sentir à chaque mot, et
ferait plus pour le rapprochement individuel, dans un jour, que les nouvelles loix,
dans des années. Un peuple libre, d'où
émane toute autorité, un peuple roi, puisqu'il délègue tous les pouvoirs, doit-il avoir
moins d'expressions dans ses paroles, que
dans ses actions ; doit-il conserver le langage des esclaves ? On parle plus souvent
qu'on agit ; le mot conduit à la chose. Qui
est-ce qui n'a pas éprouvé que, l'affec-
tation dans ses paroles en imposait à sa
pensée, et faisait naître des idées qui di-
rigeaient ses actions, en maîtrisant le principe. Les citoyens Français, en éloignant
toutes honnêtetés mensongères, toutes ha-
rangues flatteuses qui ne conviennent qu'à
des sujets, et qui deshonnorent l'homme
libre, en adoptant le mode d'expression que
je propose, qui doit être le seul, pour une
société qui a pour loi fondamentale, l'é-

galité, n'imprimeront plus à chaque mot, un caractère ignominieux dans l'ame de l'indigent, que le besoin oblige d'être à leurs ordres.

Il n'est plus de corporations ; il ne doit plus exister d'esprit de corps, toujours contraire au bien commun. L'esprit de corps est une convention tacite ; c'est un accord qui a, plus d'une fois abrogé la loi, comme fera toujours une convention sans bornes, dont l'exécution est soumise aux circonstances. Cet ensemble pernicieux aux bonnes mœurs qui, dans certain corps, était en quelque sorte, une féodalité du subalterne au chef, est un vrai crime moral qui, chez les uns avait pour base l'orgueil, et chez les autres, une complaisance servile ; faiblesses aveugles et coupables qui ont toléré, plus d'une fois le ridicule de l'impudent, au préjudice des réclamations justes de l'honnête homme. Sous un gouvernement arbitraire, le subordonné ne pouvait pas s'empêcher de se conformer

à la volonté des arbitres; mais, chez un
peuple libre qui n'a de loi, que la justice,
il ne peut y avoir de rapport particulier,
sans être blamable. Tous les citoyens doivent donc se borner à l'exécution de cette
loi, ne considérant que le bien général.
Agir autrement, c'est ébranler les colonnes d'une constitution qu'ils viennent de
jurer d'observer, c'est contrarier des dogmes qui font réfléchir également sur tous
les rayons d'une bonne administration;
c'est, enfin, démentir le carractère d'une
nation libre, et se rendre indigne du nom
Français.

CHAPITRE IV.

De l'importance de bien choisir les Of-ficiers publics.

L'ÉGOÏSME, qui, sous l'ancien régime
pouvait tout, et menait à tout, causerait
aujourd'hui la destruction générale, sans
privilège et sans droit également admis-
sibles

sibles aux emplois publics (a), successivement électeurs, et élus; n'accordez de
suffrage qu'au mérite et à la probité, re-
jettez les avances de gens qui vous mépri-
saient hier, et qui vous carressent aujour-
d'hui, si l'intrigue vous séduit, et si la
cabale obtient les places vous serez les
premiers dupes d'un suffrage acheté ou
surpris. Redoutez donc les effets de l'ignorance et de l'improbité, car au lieu d'a-
voir des officiers publics, zélés pour le bien
commun, vous n'auriez que des hommes,
qui, au mépris des lois sages que viennent
de vous donner vos augustes représentans,
feraient du temple de la justice, l'antre
horrible des passions, de l'intérêt et de
l'injustice; si votre choix est le prix de l'or,
à quels maux n'exposez-vous pas la so-

(a) Sous la première race, et long-temps sous
la deuxieme, les citoyens de la France soit Francs,
soit Gaulois, étaient tous d'une condition égale,
et cette égalité ne fut troublée que par l'usurpation des seigneuries, hist. de France, années
1270, 71 et 72. Henr.

D

ciété , celui qui voudra troubler les jours
sereins d'un ménage heureux , qui n'a pour
fortune que le calme , et une honnête mé-
diocrité , par avarice , ou par jalousie , sous
l'apparence d'un bien légitime , fera valoir avec succès des droits injustes , par les
mêmes moyens dont il sait que s'est servis
l'homme que vous avez placé pour rendre
la justice à tous.

Sous les plus heureux auspices vous
ouvrez une carrière qui doit faire votre
bonheur , et celui d'une famille respecta-
ble , dont vous fixez tous les rapports ;
une mort prématurée au cours ordinaire
de la nature , vous ravit à une épouse fidele
à des enfans chéris ; incertain sur le sort
de leur exisrance , et de celle d'une femme
doublement infortunée , puisqu'elle perd
dans son époux son secours et son amis.
Vous n'aurez d'espérance en descendant
au sombre séjour des morts , que dans les
bienfaits de la patrie, et dans les lumières,
et les vertus du magistrat que vous avez
nommé , la patrie ne vous trompera

point, ses bienfaits s'étendront toujours
sur les vôtres, puisqu'ils seront malheureux ; telle est la ressource d'un gouvernement sage, qui n'a de loi que la nature
et la raison. Mais l'espoir que vous avez
dans l'homme qui a acheté au poids de
l'or le droit de défendre vos intérêts sera
nulle, ce n'est qu'un agioteur qui veut
l'intérêt de son argent (b), et votre veuve
et vos orphelins ne trouveront en lui qu'un
vil mercénaire au lieu d'un juste défenseur.

A l'approche de vos élections, repré-
sentez-vous l'homme, et sa conduite
dans le monde, vous verrez que l'honnête homme, le bon citoyen ne court pas
clandestinement après les places, sans
amour propre, et sans prétention, jaloux

(b) Citoyens, je vous le répète, tremblez dans
votre choix, et craignez les funestes effets d'une
nomination bientôt désastreuse.

D 2

d'être utile à la chose publique, vous l'entendrez dire hautement, mes loisirs et mes talens sont à la disposition de la patrie. Cette manière franche et loyale deviendra plus commune chez les Français, à mesure qu'ils prendront l'esprit de leurs nouveau gouvernement.

Méfiez-vous de celui qui cherche à subtiliser vos suffrages par intrigue, ou par bassesse, il ne veut être vu que sur une face, il a honte de mettre au grand jour son ignorance ou son intérêt, c'est un homme dangereux pour la chose publique, et incapable de lui être utile. Considérez donc, pour former votre choix, l'homme sous deux rapports, la probité et la capacité, sans égard aux propos intéressés et injurieux, des méchans et des envieux; n'hésitez point d'accorder votre suffrage à un citoyen qui joint à des talens connus, une réputation avantageuse, soutenue à la même hauteur depuis de longues années. L'opinion publique doit être votre guide, c'est le pilote qu'il vous faut mal-

gré la tempête et les flots, malgré les dif-
ficultés de l'attérage, il vous conduira à
pleine voile à un port assuré.

Dès lors la loi primitive, la loi de la nature, qui a pour supplément toutes les lois
positives chez tous les peuples, et qui,
chez vous ne seront constituées que par de
simples modifications de la première, im-
possibles à ne pas adopter pour vivre en
société, et assurer les droits respectifs de
chaque citoyen, mettra un frein au bri-
gandage masqué sous les dehors les plus
sacrés, l'on ne verra plus traîner à l'échaffaud l'innocent, victime du coupable,
accablé par l'ignorance et l'amour-propre. Les plaideurs ne seront plus mutilés
par la longueur de la procédure occasion-
née par l'intérêt et la mauvaise foi.

Sur les débris de ces cours fastueuses,
dont les membres se regardaient au-dessus
de la loi, vont s'établir des tribunaux aussi
simples que sages. Les conseils de famille
légalement établis, ne contribueront pas
peu au rapprochement et à la bonne
union de la société, en cachant au public

des scènes scandaleuses trop fréquentes de nos jours dans les discussions d'intérêt du père au fils, de la sœur au frère, du mari à l'épouse, dont les moyens de déffense ne pouvaient être que préjudiciables aux deux partie (c).

Français ! magnanymes, hier sujets, aujourd'hui citoyens, c'est en vous pénétrant

---

(o) Chez un peuple libre où l'esprit de sagesse sera le seul guide des loix, leur exécution sera inviolable, on va voir disparaître le duel cet usage cruel et sanguinaire soutenu par l'arrogance et l'audace féodale. Une loi juste et rigoureuse va mettre un obstacle insurmontable à cet assassin prémédité toléré par l'honneur avili, à ce crime de leze - humanité où l'homme vertueux trop faible pour mépriser le préjugé, devient la victime assurée du scélérat insensible aux loix de la société et de la nature.

La postérité croira difficilement qu'un usage barbare établi à Rome pour amuser le peuple exercé ignominieusement par des gladiateurs, par des hommes criminels esclaves, ou avilis soit devenus pendant plusieurs siècles un point d'honneur chez une grande nation esclave, il est vrai, mais policée et instruite.

bien de l'importance de votre choix dans vos élections, que vous jouirez bientôt des avantages de la liberté, et des douceurs d'un gouvernement qui fera le bonheur commun.

CHAPITRE V.

Moyens d'assurer la tranquillité publique:
Les lois du royaume rendues universelles;
nécessité d'obéir aux lois et d'admettre la
subordination relative à chaque état.

QUE l'honneur ne soit chez les Français, que le compagnon fidel de la cordialité; moins polis, mais plus policé, ne passez jamais sous silence une bonne action; mais bannissez toute louange individuelle qui n'est que l'hommage avilissant des esclaves, apprenez à vous aimer de bonne foi et à mourir pour votre déffense réciproque, et pour le soutien de la loi. Un sol riche, des productions abondantes de tous

D 4

les genres, une population immense, une étendue de connaissances incalculables ; tout assure dans peu à la nation française, le premier rang en Europe. Si elle mesure avec le compas du géomètre, l'immensité qu'elle vient de parcourir depuis un an ; les dangers qu'elle a courus, et l'espace qu'elle a à franchir pour arriver sur une mer tranquille et pacifique, au milieu de ruines et de décombres, sur un terrein rapporté, que le tems seul peut affermir. Citoyens français, soyez toujours en garde contre le ressentiment des mécontens, chargés d'une dette immense, les recouvremens difficiles, entourés d'armes nombreuses, de flottes formidables, en proie à des divisions intestines et dangereuses, dont on ne peut calculer les effets, et qui paraissent même se multiplier à mesure que la puissance amie prend le dessus, et prédomine le parti contraire, vous redoublerez de surveillance et d'activité. Qui vous a dit, que l'ennemi n'était pas à vos portes, que le précipice n'était pas sous vos pas, n'épargnez donc ni corps, ni bien, si

vous voulez conserver l'un et l'autre. As-
surez-vous d'une manière précise que vos
places sont en état de déffense, et vos cita-
delles, et vos ports à l'abri de toute atta-
que ; vos frontières et vos côtes en état d'é-
viter toutes incursions, et après avoir calculé vos forces de terre et de mer, sur
celles de vos voisins ; les circonstances les
plus impérieuses exigent que sans délai,
d'après une juste et graduelle repartition,
l'impôt général, ce pivôt de l'ordre politique légalement établi, soit pour tous les
Français, une dette inviolable et sacrée,
dont le payement fixe et assuré, fournira
au trésor publique, les moyens d'acquitter les engagemens pris par l'assemblée
nationale, pour annuller des milliers d'a-
bus intolérables, et faire face aux dépenses nécessaires pour assurer le repos de
l'état, et déconcerter ses ennemis du de-
dans et du dehors. Ouvrez l'histoire, et
vous verrez que jamais les impôts n'ont
appauvris les peuples, mais seulement
les abus qui les ont fait naître. C'est donc
aux moyens de les faire disparaître,

qu'il faut vous attacher, et pour le faire
efficacement, vous devez libérer l'état de
tout engagement exigible, car il n'y a pas
de bravoure militaire, point de génie,
point de climat ; le peuple qui met en
équilibre ses recettes et ses dépenses, est
le plus fort. En payant la dette exigible,
vous serez justes envers vos freres, vos
parens, vos amis que l'erreur enrichis-
sait, et que la raison a appauvris (a). La
France triomphante de ses ennemis inté-
rieurs, se montrera bientôt à l'Europe
entière ce qu'elle doit être. Pour remplir
d'aussi nobles engagemens, et répondre à
la loyauté de ses augustes représentans,
dont la fermeté a dérobé la patrie à l'in-
famie et à un désordre général. Ne calcu-

(a) Que le Français jette un coup d'œil ob-
servateur et réfléchi sur les sages réformes faites
par ses augutes représentans, il se fera un plaisir d'acquitter sa dette envers l'état, fut elle la
même que ci-devant, pendant quelques années;
par la suppression des dîmes, le cultivateur seul
maitre chez lui, ne sera plus obligé de partager
avec un autre le fruit de ses labeurs. Par le re-

lez pas la somme de la contribution du momment, (b) en y joignant même celle des années dont vous êtes comptable à l'état, c'est une offrande sacrée qui devient un besoin réel et indispensable, pour mettre tous les ressorts de l'empire en mouvement. Vous êtes dans un état de dépendance, et vous serviez un maître, dont les intérêts n'étaient pas les vôtres, puisqu'il disposait à son gré des subsides qu'il exigeait arbitrairement de vous. Mais aujourd'hui la France est une terre commune,

---

culement des barrieres, le négociant sera libre de faire son commerce dans tout le royume, et il ne sera plus porté à recourrir à de vilains moyens pour soustraire des matieres qui seules pouvaient mettre en équilibre la réalité de ses dépenses premieres, à l'espoir d'un gain futur.

Par l'extinction de la gabelle, le journalier sera enrichis et les contraintes infâmes en activité sous cette espéce de régie disparaissant pour toujours, ne l'obligeront plus desormais à se priver de l'aliment de premiere nécessité pour obéir à la loi.

(b) Le haut clergé, les financiers.

et chaque citoyen doit coopérer à sa culture sous différens rapports, en raison du
sol, du revenu qu'il en retire, et de sa
profession. Les Français bien pénétrés de
cette vérité incontestable ne verront plus
dans la contribution publique un impôt ;
mais l'obligation d'un propriétaire qui
veut conserver sa terre, et jouir paisible-
ment des avantages de son droit de propriété. Dès qu'ils se seront assurés des
fonds nécessaires à donner une extension
générale et suffisante, pour procurer des
moyens de déffense qui puissent mettre la
chose publique hors de danger, ils doivent
jetter les yeux sur l'état de l'empire, et
après avoir calculé les efforts de la crise
qui s'operent dans son sein, et qui étaient
inséparables du moment. Qu'ils songent
qu'il est triste qu'il faille que les rois chan-
cellent sur leurs trône, et que les états se
renversent pour que l'homme politique
devienne l'homme de la nature, et que
l'anarchie est pour les grands empires cou
que sont les effets de ces puissances sou-

terraines, qui ébranlent les colonnes d'une
terre habitée, et dont les moindres sé-
cousses dégradent les habitations, et en-
sevelîraient bientôt sous leurs ruines to-
tales les malheureux habitans, si elles
étaient longues et réitérées, qu'ils gémis-
sent sur cet état violent, que l'homme ne
saurait éprouver qu'une fois dans sa vie,
et dont la trace profonde, ne s'effacera
qu'avec le tems sur ce moniment désas-
treux, où le soupçon et la crainte se suc-
cedent, où la défiance réciproque ne reconnait de pouvoir qu'en tremblant, crainte
d'être trompée, ou la contribution commune n'étant plus que volontaire, n'est
que d'un médiocre secours au trésor publique, et paralise en partie les moyens
nécessaires d'acquitter les engagemens pris
par la volonté de la loi, avec les fonction-
naires publics, R. de l'h. (b).

_____

(b) Art. XIII. Pour l'entretien de la force publique, et pour les dépenses de l'administration
une contribution commune et indispensable, elle
doit être également répartie entre tous les citoyens, en raison de leurs facultés.

Pleins d'horreur et d'effroi, qu'ils versent des larmes de sang sur les effets d'une armée sans discipline, en en voyant le subordonné, plus à plaindre qu'à blâmer, imposer des lois à son chef, l'innocent victime du coupable, sans respect pour les choses les plus saintes, le fanatique, méconnaître la loi, et sous prétexte de religion armer le citoyen contre le citoyen; le scélérat, sous les dehors, imposans de sacrifice à la patrie, vouera à l'exécration publique l'honnête homme qui ne pense pas comme lui, et d'un œil sec et tranquille, s'applaudira, en le faisant tomber sous les coups de la calomnie, ou enfin les lois, ces établissemens sacrés, dont l'exécution honore l'humanité, et assure l'existence de l'homme, sans force et sans soutien réduites à se taire, devant les effets d'un caprice criminel, et d'une lâche vengeance.

Citoyens, frémissez sur de pareilles calamités; que l'honnête homme d'hier le soit aujaurd'hui; que son titre ne soit point un crime, mais ses principes; songez qu'obéir aux loix, c'est obéir à soi-même ; n'oubliez jamais le but de toute association politique. Dr. Delh. (c). Honorez le culte dans ses ministres ; reconnaissez le magistrat dans ses fonctions ; c'est votre créature ; il peut n'avoir de mérite que dans le desir du bien. Si, par défaut de connaissance, il était dans l'erreur, aidez de vos conseils, excusez même ses faiblesses, au lieu de le blâmer ; vous le devez, pour le bon esprit qui vous anime, pour le bon ordre et pour l'appui de la constitution, dont vous venez de jurer la garantie, par un serment solemnel, que vous ne pouvez enfreindre, sans vous couvrir de honte, à la face de l'univers. Armez-vous, et venez à l'appui de la loi, soit qu'elle punisse, ou qu'elle protége, si vous ne voulez pas mettre au hesard des temps votre bien,

_____

(c) Art. II. Le but de toute association politique est la conservation des droits naturels, et imprescriptibles de l'homme. Ces droits sont la liberté, la propriété, la sûreté, et la résistance à l'oppression.

votre vie et celle de votre famille. Défenseurs nés de la patrie, montrez l'exemple
de subordination ; prouvez que tout moyen
de défense est nul, sans un accord parfait, et une obéissance graduelle et absolue. Ne voyez dans vos troupes de ligne,
qu'une avant-garde, et dans leur conte-
nance, le signal du combat ; réunissez-
vous sans nombre, sur le point assailli,
aussi fermes que courageux ; montrez-vous
dignes de la liberté, par un ensemble exercé,
(d) tombez sans réserve, sur un ennemi
assez injuste pour méconnaître la sagesse
de vos loix, et violer le droit des gens, par
une démarche offensive sur le territoire de
la France ; (e) la légitimité de votre cause
vous

(d) Tous les Français sont gardes nationaux,
bientôt il n'y en aura pas un qui ne sache manier
son arme, et pas un corps national qui ne soit
exercé.

(e) Par le deuxieme article des décréts de l'assemblée nationale, sur le droit de faire la guerre
et la paix, la nation française ayant renoncé à
entreprendre aucune guerre dans la vue de faire

vous assure la victoire ; vos forces réunies, vous rendront invincibles. Vainqueurs, publiez à l'armée vaincue les droits de l'homme ; ne lui donnez pour chaînes que la connaissance des dogmes de votre constitution ; si quelques uns de ses membres, chefs ou subalternes, restent parmi vous, qu'ils soient traités en freres et en amis ; apprenez leur langues, qu'ils apprennent la vôtre, et que la défaite de cette armée innocente et coupable, soit pour elle une victoire complette, et pour son pays, le flambeau de la raison. Ces moyens vous assurent un second avantage, un triomphe réel ; vous épargnerez le sang de l'innocent opprimé, et vous n'aurez connu un ennemi que pour lui faire connaître une patrie, en le mettant à même de recouvrer sa liberté, puisque vous lui apprendrez que

---

des conquêtes, et ne voulant employer ses forces contre la liberté d'aucun peuple, se faisant une loi par un autre décret de soutenir ses anciens alliés. Celui qui l'attaquera ne peut être qu'injuste, et doit être traité en tyran.

E

le malheur des peuples n'a pour base que
l'ambition des souverains et de leurs agens,
que l'autorité d'un seul, est un pouvoir
usurpé, et que sa puissance est tout-à-
fait contraire aux vrais principes; hier votre
ennemi, sans raison, aujourd'hui, ami fidel et reconnaissant, il vous restera attaché par un lien indissoluble, et rendant
hommage à vos lumieres et à votre équité,
il ne vous quittera que pour voler punir
le tyran qui lui a mis les armes à la main
pour vous attaquer; tyran barbare, plus
cruel cent fois que l'habitant des forêts qui
n'a reçu de la nature qu'un naturel farou-
che. Cet être sanguinaire, en se faisant un
jouet de la vie des hommes, n'a pas honte
de faire de ses sujets des hordes meurtrieres
dont il dispose des corps, et des biens
mêmes, avec un air de raisonnement, pour
satisfaire son orgueil et les besoins de sa
vie déréglée, sous les apparences fraudu-
leuses d'un intérêt réel.

Soldats-citoyens, la subordination cons-
tate votre carractère ; elle seule vous cons-

titue : sans elle, le nom de soldat est un mot chymérique, et il ne peut exister d'armée ; la sagesse du gouvernement actuel n'excitera jamais en vous le moindre regret de l'exécution de ses ordres. A l'abri de toutes loix injustes et diffamantes, vous ne serez plus des galériens sans chaînes, la nation vient d'accorder à l'armée tout ce qu'elle lui devait : un chef d'œuvre d'organisation aussi satisfaisante pour le chef, qu'équitable pour le subalterne, vous assure un avancement graduel. Soldats, soyez reconnaissans, fermes et inébranlables à exécuter la loi dictée par la justice et l'intégrité : reconnaissez vos chefs, rendez leur le pouvoir : leurs ordres ne sont que les interprètes de cette loi ; le moindre retard à leur exécution est un crime, le refuser, est un attentat qui vous couvre d'opprobre et vous dégrade, et le titre honorable que vous prenez de défenseur de la patrie, est une insulte que vous lui faites, puisque sans égard pour un serment que vous venez de lui jurer aux pieds des autels, devenant parjures, vous n'êtes plus que

des coupables armés, que des ingrats qu'elle
répudie , et que la dure nécessité va réduire à l'état le plus triste et le plus malheureux.

Chapitre VI.

De la fermeté et de la justice nécessaires
pour assurer le nouvel ordre de choses ,
et faire le bien général.

Peuple Français, la révolution que vous
venez d'opérer, n'est pas l'effet d'un élan
momentané, mais le résultat de vos lumieres et de vos connaissances. Sans être ar-
rêtés par une prudence pusillanime, soyez
modérés dans vos transports ; le trop grand
zele a été plus d'une fois un crime. Toujours en garde contre l'enthousiasme, redoutez ses écarts ; ouvrez l'histoire, elle
vous en fournira des exemples (a). Ce n'est

(a) César, par une ambition démesurée, vou-
lut donner un maître à sa patrie, l'esprit public

pas assez d'avoir applaudi aux grands tra=
vaux de vos sages législateurs, par des adhésions multipliées, par des démonstra-
tions de patriotisme, ce n'est pas assez de
vous être mis sur la défensive ; pour ne pas
être surpris par vos ennemis, montrez-
vous dignes de la liberté que vous ne connaissez encore que confusément ; la fermeté et la persévérance à toute épreuve
à résister aux insinuations perfides de l'intérêt et de la vanité, vous assurent seules

---

trompé par de fausses vertus allait le couron-
ner ; le patriotisme, zélé déffenseur de la liberté,
bravant les liens les plus sacrés, immola le tyran,
et prévint l'égarement de l'enthousiasme. Fran.
çais ! encore à l'aurore de la liberté, craignez de
vous laisser éblouir par les réflexions lumineuses
de l'astre rayonnant qui vous éclairera sur le haut
du jour, prenez garde que le crépuscule de ce
jour fortuné qui vous annonce le plus beau len-
demain, ne soit qu'une lumière trompeuse qui
vous présage des jours d'horreur, dont les effets
seraient irréparables ; que la conduite de César
soit pour un peuple libre un exemple frappant,
et une leçon salutaire.

E 3

votre conquête. La nation a fait la loi : ses décrets sont les interprètes de vos intentions ; rendez-les immuables par votre résignation : de votre dévouement unanime à leur exécution, dépend le bonheur de la France. Ce dévouement rétablira la confiance, fera fleurir les arts, ranimera le commerce, rassurera les esprits flottans entre la crainte et l'espérance, diminuera le choc des opinions, et fera bientôt renaître le calme et la tranquillité sur les débris du trouble et de la division. Quelque soit la façon de penser des ordres qui viennent de disparaître, quelques soient leurs motifs de reclamation, cessez de mettre sous le glaive de la persécution des hommes qui n'ont d'autres crimes que d'être d'accord avec eux mêmes, en regrettant des droits qu'ils croyaient invariables, et dont la possession leur accordait des priviléges et de l'argent : un désavœu général reclame contre votre injustice, et se fait entendre d'un pole à l'autre ; que la sagesse soit partout le guide de votre courage : ne soyez pas moins justes que valeureux : ren-

dez justice au noble et à l'ecclésiastique : pé-
sez dans la balance du juste leur ressentiment, et vous verrez qu'il a pour base une
perte réelle (b) pour la génération présente :
croyez bien que vos augustes représentans qui ont sacrifié leur existence politique et celle de leur famille au droit naturel et au vœu de la patrie, ne se seraient
jamais déterminé à le faire, s'ils n'avaient
été convaincus par l'expérience des temps
que, l'égalité seule peut faire le bonheur
commun, puisqu'elle rapproche les individus, et que le meilleur gouvernement
n'est pas celui qui fait les hommes plus
heureux, mais celui qui fait le plus d'heureux. Pour seconder des opérations aussi
sages, et reconnaître de tels sacrifices, citoyens, éloignez de votre langage ces mots
monstrueux, dont le sens dénaturé dans l'esprit de la multitude, par une fausse ap-

_____

(b) Tout le monde sait qu'il est des gentils-
hommes de province peu riches, que l'abolition des droits féodaux a privés de beaucoup
d'aisance.

E 4

plication, est le tocsin de la discorde, et ne convient qu'à des factieux : ne connaissez que l'ami et l'ennemi de la patrie. Sans égard pour ces diatribes insidieuses qui ne sont enfantées que par des ames viles et mercénaires, dont la plume empoisonnée gangrene le cœur des mécontens, et moissonne l'or aux dépens de l'outrage et de la calomnie, dont l'injure est un éloge, et l'insulte un triomphe : toujours guidés par l'esprit de justice, assurez des places à l'ecclésiastique et au noble, en raison de leurs talens, de leur mérite et de leurs vertus : cette confiance calmera les esprits, diminuera le souvenir de leur état primitif, et leur occupation à la chose publique, les rapprochera des loix constitutionnelles du royaume.

Braves Français qui, depuis des siècles, n'exercez, pour ainsi dire, que la profession des armes, retenus dans une sphere étroite de lumieres, repliez votre ame sur elle-même, et seuls avec la nature, comparez l'homme social instruit avec celui qui ne l'est pas, vous verrez que rien n'étonne le

savant, que la moindre chose qui fixe son
attention, donne de l'activité à ses pen-
sées, qu'il apperçoit toutes les possibilités ,
vous verrez que ses connaissances, en lui
procurant des avantages personnels, le
mettent dans un rapport d'utilité physique
et morale avec l'humanité entiere. Considérez ensuite l'homme qui n'est pas instruit, ou qui l'est peu , il sera étonné de
tout ce qui l'entoure : ce sera un Hottentot
dans un cercle de savans, ce sera un être
passif, nonchâlant, ennuyeux, à charge
à lui même et aux autres, qui achettera
des instans de plaisir, dont le terme se
réduira au remord et à la peine. Avec la
sincérité qui carractérise la vraie probité,
rendez justice à qui elle est due : vous n'a-
vez plus de titres à laisser à vos enfans,
donnez - leur des talens, faites des hommes
au lieu de statues : la science remplacera
chez eux la vanité. Ce sera l'échange d'une
fausse monnoie, pour de la bonne.

Les changemens jugés nécessaires dans
l'administration publique, les réformes
particulieres, nécessités par les limites

que vient de faire naitre sur les débris
des abus, un meilleur ordre de choses
vont laisser indubitablement sans emploi
et sans place des milliers d'individus,
qui, pour le moment, dans l'incertitude
qu'ils auront à prendre, ne peuvent qu'être
onéreux à l'intérêt général et même à la
tranquillité publique. Etablissez de suite
dans toutes les parties de l'empire des
travaux publics, faites succéder aux moyens
que la prudence vous a suggéré, et a l'é-
quité que la raison vous a dicté l'amour
du travail, qu'il soit les prémices du changement que vient d'opérer en vous l'esprit
de patriotisme ; ouvrez des canaux, dé-
frichez, cultivez, en communiquant les
torrens vous donnerez de la vigueur au
commerce, vous ranimerez une infinité
de citoyens que l'indigence opprimait faute
de travail, et vous ferez le bien du fermier et du propriétaire. Par la culture et
les défrichemens, ces landes sauvages ou
la nature est morte depuis des siècles,
seront bientôt des plaines riches et abondantes sous le fer du cultivateur libre et
tranquille. Occupez - vous sans relache

à faire disparaître les vapeurs infectes
des eaux stagnantes , et mettez en a pro-
fit le principe par des bouches artistement
pratiquées , faites sortir du sein des eaux
des pâturages gras et fertiles , propres à
l'engrais , vos frais ne seront que des avances qui vous seront rendus au centuple ,
vous éteindrez le germe d'une infinité de
maladies occasionnées par la vapeur de
la fange et les bras que vous employerez
diminuant la masse superflue au lieu d'être
à charge à l'état, et d'en devenir des moyens
de trouble , comme l'espéraient des insti-
gateurs coupables , en deviendront les ap-
puis. Voilà les avantages d'une constitution qui va régler les mouvemens de l'esprit , en faisant rentrer dans un équilibre
parfait les élans du cœur.

CHAPITRE VII.

Du divorce et du mariage des prêtres.

AUJOURD'HUI la France est le foyer
où toutes les lumieres philosophiques
viennent se refléchir, la vérité armée de
son égide transparent terrasse le mensonge ; le Français libre ne conservera plus
des lois qui insultent la raison et outra-
gent la nature, il fera du mariage une
institution purement civile , il établira le
divorce , et fera de ses prêtres des citoyens.

Le divorce était en usage chez les Athé-
niens d'après une loi de Solon , et quoique
cette loi fut admise chez les Romains , son
exécution était très-rare , au moment de
la splendeur de la République , car plus
de cinq siècles s'écoulerent avant d'en avoir
vu une exemple , et Sylla fut le premier
qui le donna dans un temps où les mœurs
dégénérées , faisaient honte au peuple Ro-

main, c'est en rapprochant les vrais motifs (a) qui autorisaient cette loi chez ces
peuples sages et savans, de l'esprit national qu'il en résultera un bien infini pour
les mœurs des Français déjà trop corrom-
pues. Le divorce nécessitera une union
réelle, et l'éducation de l'enfance au ber-
ceau ne sera plus troublée : les prêtres
autorisés à se marier ne seront plus des
êtres isolés, mais des citoyens enchaînés
à la patrie par des nœuds sacrés et indi-
visibles. Au premier aspect la statue colos-
sale du préjugé en imposera au stupide
et à l'ignorant, et le fourbe mécontent
et interressé qui n'a souvent plus que lui
qu'un jargon étudié, profitera de sa pré-
vention pour discréditer deux propositions
qui n'ont de défaut que la vérité et l'u-
tilité commune, et dont la continuation
du principe est contradictoire aux droits

_____

(a) A Athènes, les motifs adoptés par la loi,
pour autoriser le divorce, étaient : la stérilité,
l'adultère, la mauvaise humeur et les mauvais
traitemens. A Rome : l'adultère, la stérilité, la
mauvaise humeur, la vieillesse es la maladie.

de l'homme libre, par des loix sages et combinées sur le bien général, et l'intérêt particulier. Vous assurerez l'existence phyi sique et civile des enfans, et de celui des deux, qui, sans cette précaution, souf- frirait le plus par l'institution de cette établissement salutaire, vous empêcherez la récidive du mariage à des membres de la société qui se seraient séparés ayant des enfans. Comme en général l'union la plus parfaite n'est que l'ombre du bon- heur, et que la liberté seule est le bonheur lui-même, la sagesse de cette loi sera de la plus grande influence pour l'éducation morale de l'homme, pour les avantages de la société, et pour l'amélioration des mœurs; celui qui n'a pas la paix avec lui-même ne peut pas concourir avec sin- cérité à la procurer aux autres. Vous verrez disparaître le mauvais exemple que donne nécessairement un ménage sans accord, et le développement moral des enfans ne sera plus troublé par l'impres- sion que laisse trop fréquemment de nos jours le désordre funeste, qui en est la suite. Le mariage ne sera plus un scandale social, une humiliation réciproque, il ne sera que l'attribut d'une union fondée sur la vertu et le consentement, ce ne sera que le choix de deux êtres rassemblés par un amitié sincere, de deux ames assorties par des rapports réels conformes aux ordres de la loi naturelle, leur desir se bornera à féconder la nature, et à la douce satisfaction de revivre dans un second eux-mêmes; leurs occupation principale sera le bien général, la sûreté de leurs existence et l'ordre social dans tous ses rapports, le divorce seul peut cimenter d'aussi beaux n'œuds, en faisant disparaître ces unions intéressées, ou l'homme, en obéissant à la volonté d'un autre adopte, une femme sans la connaître, et la femme se lie à un homme sans savoir s'il est susceptible d'attachement. Vous ne gémirez plus sur ces conventions mercénaires, conclues par l'orgueuil et l'avarice d'un père, et d'une mère, qui deshonora leurs titres, ne sont plus que des tyrans cruels, aveuglés par l'ambition, et l'intérêt qui met en concurrence des égards futils, avec les droits généraux et particuliers de la société.

Le mariage des prêtres ne sera pas moins intéressant pour seconder une loi aussi sage, la sainteté de la religion ne dépend nullement de l'état célibataire de ses ministres. Le célibat religieux n'est pas un ordre canonique, mais simplement une loi sociale, dont l'objet principale a toujours été de masquer par une politique adroite, et un caractere imposant le vrai motif. C'est donc comme convention sociale que je vais l'attaquer, avec des armes victorieuses, pour le bien général, en dépit des sophismes des intéressés et des hyppocrites.

L'homme qui n'est pas marié est hors de société, puisqu'il n'y tient par aucun nœud, et s'il y participe, ce ne sera qu'en qualité d'homme de bien; mais cette participation ne s'étendra jamais assez pour l'obliger de sacrifier son intérêt individuel pour les autres, sa bonne foi peut être trompée, et

il

il serait dupe, si au contraire il est marié, sa femme, ses enfans l'intéressent,
ils font partie de la société, rien ne peut
l'en isoler. Il aura des raisons d'augmenter son champ patrimonial, et celui de
sa femme, il verra, dans ses fatigues, l'hé-
ritage de sa famille se multiplier; il s'ac-
coutumera à un travail dur et pénible,
dont le produit fera le bien général, (b) partie intégrante de la société; il en prendra
les intérêts et la défense par obligation
réciproque; père tendre, maris fidel, vrai
patriote, dans un moment où la ville sera
menacé d'un ennemi, ou son réduit cham-
pêtre la proie des brigands, il se montrera
partout, et sa présence sera le ralliement
du courage des habitans, et un exemple
de fermeté pour les siens. S'agira-t-il de
nommer des officiers publics? comme un
berger fidel, qui est tout occupé de son
troupeau, dont il partage les avantages, il
disposera par ses vertus, ses lumières et
une confiance justement accordée, les esprits à faire un bon choix.

_____

(b) La culture des terres.

F.

Qui croira, dans les tems les plus recu?
lés, qu'un peuple qui possede, dans son
sein, une masse infinie de connaissances,
aye pu conserver pendant des siècles une
loi barbare, qui est au-dessus des forces
humaines ? Comment un homme peut-il
jurer d'être célibataire ? a-t-il le droit de
blasphémer les ordres de la nature : il n'y a
qu'un insensé, ou un fourbe, qui, au mépris des lois les plus sacrées, puisse prendre un engagement qu'il sait lui être impossible de remplir ; quelle confiance peut-
on avoir en un homme aussi aisé à tromper la société par un vœu solemnel, dont
l'infraction journaliere est un attentat aux
bonnes mœurs, et un genre de trouble et
de division pour la vie civile ? c'est donc
dans un moment où la France va éclairer
la terre, qu'elle va ramener à la nature
une classe d'hommes qu'une fausse politique en avait éloigné. L'assemblée nationale a déja décrété le principe de cette
assertion, en supprimant les ordres religieux, elle a reconnu par les lois irrévo-
cables de la justice, que tout membre qui
ne coopère pas au bien public par des ba-

ses naturelles , ne mérite pas d'en être protégé.

Les prêtres de ce jour, nourris dans un esprit opposé, présenteront sous les plus vilaines couleurs , par ignorance ou par fanatisme cette proposition , mais leurs tableaux hideux disparaîtra comme l'éclair devant les rayons lumineux de la raison, de la vérité. La religion sainte que révère la nation française, ne sera plus un moyen de l'asservir. La superstition , ce culte vain et ridicule , qui , de tout les tems , a fait le malheur (c) des peuples ignorans ou séduits, va disparaître de son gouvernement, le fanatisme enfin écrasé, sous son propre édifice, en dévoilant, dans ses derniers soupirs , le principe qui le faisait mouvoir, a prouvé aux plus crédules qu'ils n'étaient que des dupes. L'esprit de lumiere va succéder en France, à l'esprit

---

(c) La révocation de l'édit de Nantes diminua notre population, augmenta celles de nos voisins , affaiblit notre commerce et releva le leur.

de ténèbres. Le citoyen français n'aura
desormais qu'une piété raisonnée , et
l'anathème répandu sur l'union des êtres ,
ne sera plus à ses yeux qu'une convention inventée par l'intérêt et la mauvaise
foi. La nation s'opposera que le clergé
national n'oublie son plus beau titre ,
qui est d'être français , en conservant un
esclavage systématique dans le soin de la
liberté nationale.

Chapitre VIII.

De l'obligation des meres de nourrir elles-
mêmes leurs enfans.

Français, il est un autre devoir qui n'est
pas moins sacré, c'est l'éducation physique et morale de vos enfans, la perfection de leurs développemens, sous ces
deux rapports , sera relative à vos soins, et
en modifiant leurs instincts, vous les con-
duirez à une morale saine et épurée.

C'est toujours le rapport des sens qui

instruit l'homme de ses besoins. Le premier usage que fait un enfant de ses facultés physiques, dès le moment de sa naissance, est de se nourrir. La liqueur qui sort des mamelles de la mere, après l'accouchement, doit être sa seule et unique nourriture. Que celle qui lui a donné le jour ne perde jamais de vue le pacte naturel et inviolable qui existe entre la mere et l'enfant ; qu'elle n'oublie jamais que celle qui enfreint les loix sacrées de la nature, court les mêmes risques que la frêle machine àqui elle vient de donner le jour, qu'elle expose, par intérêt, ou par indifférence, aux plus grands dangers. Porter un enfant dans son sein, c'est nécessité : le priver de son aliment naturel, c'est contrarier les bienfaits de la nature ; violer les droits de l'humanité, c'est se rendre coupable envers la société. Ce n'est pas assez d'être épouse, il faut être mere.

Silvius et Favorinus, médecins Italiens fideles observateurs qui ont écrit sur les maladies des enfans, attestent avoir ob-

servé qu'il succent, avec le lait, le tempé-
rament et les inclinations qu'on reconnait
en eux, pendant le cours de leur vie, et
qu'il tiennent à ces deux égards beaucoup
plus de leurs nourrices que de leurs meres. Les observations de ces amis de l'humanité n'ont été faites qu'au flambeau de
l'expérience la plus vraie. La honte, le
deshonneur et les crimes qui, trop fréquemment de nos jours, ont souillé le
sang le plus pur et avili les familles les
plus honnêtes, n'en prouvent que trop
l'autenticité.

Les peuples dont le gouvernement était
sage et chez qui les sciences ont été por-
tées au plus haut dégré, étaient si persua-
dés de cette influence physique, que
Thomiste qui avait laissé deux fils, l'aîné
avait été nourri par une Spartiate et l'autre par sa mere. Les Lacédémoniens élu-
rent le jeune pour leur septieme Roi, au
préjudice de l'aîné; parce que sa mere
l'avait nourri.

Les premiers Romains (ce peuple roi)

qui a fait trembler la terre) connaissaient peu le condamnable usage de faire nourrir. Les Chinois vaincus, par la force et qui, par la pureté de leur morale, ont donné des chaînes à leurs vainqueurs dont la sagesse des lois serait, peut-être, suffisante pour prouver l'ancienneté de leur gouvernement, n'ont rien négligé pour engager les meres à nourrir leurs enfans. Ils admettent aux charges importantes de l'état celles qui s'en acquittent le plus exactement. Toutes les femmes susceptibles d'enfanter, le sont d'allaitter; tous les êtres animés prouvent ce sentiment, et l'homme qui paraît le chef-d'œuvre des êtres organisés, serait donc le plus imparfait. La nature a donc envain détourné la liqueur qui le nourrit dans le sein maternel, pour porter aux mamelles de celle qui l'a enfanté, deux fontaines lactées destinées desormais pour sa propre substance sa prévoyance sera étouffée par un usage absurde, et ses droits seront rejettés, dut-elle en périr elle-même cette mere injuste, en disposant d'un bien qui ne lui est que

confié, va tarir la source de cette liqueur
vivifiante. Cet être nouveau né va se re-
paître d'une substance qui lui est tout-à-
fait étrangere, transporté dans un nouvel athmosphere, entre les mains d'une
femme qui, pour de l'argent, va lui faire
partager une nourriture due, par droit
naturel , à son propre enfant et par un
coupable larcin , exposer l'un et l'autre,
à des maladies continuelles , s'il échappe à
une mort prématurée. La Fance va être
gouvernée par une constitution sage et
aussi rapprochée des loix de la nature que
le permet le contrat social. Mânes de nos
enfans, victimes malheureuses de l'erreur
et de la cupidité, sortez du tombeau, venez dénoncer sur l'autel de la patrie, les
forfaits des meres qui vous avaient donné
le jour, dont le coupable égoisme et le vil
intérêt vous ont conduits à la mort, avant
l'ordre de la nature, par des sentiers de
douleurs et de peines, moins implacables
contre leurs erreurs que contre les sophismes d'un gouvernement qui les autorisait,
soyez les interpretes de la nature, publiez

à l'univers etonné et bientôt jaloux que le nouvel ordre de choses qui va diriger l'empire Français et conforme à ses décrets si toutes les meres lui payent le tribut qui lui est du en allaitant leurs enfants.

Citoyennes Françaises qui avez le bonheur de devenir mere, dans un tems où la vérité se montre dans tout son jour, où la nature se fait entendre du sombre séjour des morts, soyez soumises à ses volontés, venez le jurer (a) au pied de l'autel de la patrie, si par un vice de constitution physique héritée de l'erreur de vos peres, elle-même refuse ce dévouement patriotique de quelques unes de vous, dès lors sans être pajures, votre serment est nul ; mais vous n'en êtes pas moins respectables.

(a) Formule de serment. Je jure d'être fidèle à la nation, à la loi, au roi et à la constitution, je jure d'inviter, de toute mon affection, mon époux à la soutenir de toutes ses forces, d'élever mes enfans d'après ses principes, et des les allaiter conformément aux ordres de la nature.

Ce tribut payé, cette sage mere vous comblera de ses dons. La santé de votre enfant ne sera pas la seule faveur qu'elle vous accordera, elle préviendra vos besoins, et obviera même à vos maux.

Combien de femmes valétudinaires, depuis leur bas âge, n'ont compté l'epoque de leur santé, que de celui où elles ont ajoutté la qualité de nourrice à celle de mere. Soyez reconnaissantes, faites consister vos plaisirs dans l'occupation que vous prendrez pour votre nourrisson, que ce ne soit ni le ton, ni la mode qui vous fasse agir, comme cela s'est pratiqué depuis quelques années ; secondez enfin, par des soins illimittés, un devoir sacré contracté par un serment inviolable.

Le développement de votre enfant dépendant en partie de la quantité, et de la pureté de son aliment, ne négligez donc rien pour avoir un lait pur, et abondant que l'heure d'alimenter soit celui de l'appétit, et que la sobriété préside à vos repas, comme à vos plaisirs; ne faites pas de la nuit le jour, en un mot, obéissez aux lois de la nature et ne la contrariez jamais que forcées par ces états pénibles que la nécessité et l'indigence ne présentent que trop souvent à nos yeux.

Sexe aussi intéressant qu'aimable, n'ignorez jamais que pour faire un français, il faut faire un homme, de ses premiers rudimens dépendra son existence physique et de la modification de son instinct, ses perfections morales.

CHAPITRE IX.

De l'éducation physique et morale des enfans.

Tout sentiment organique se trouvant chez tous les enfans exposés aux impressions des objets extérieurs et la perfection de ce sentiment consistant dans sa sensibilité et les différentes combinaisons de son usage : pour première règle, vous devez eloigner touts les obstacles qui pou-

raient troubler, retarder, et même empêcher le développement de ce sentiment
chez eux, il faut donc avoir attention de
placer l'enfant successivement dans la pos-
sibilité et liberté entière de faire tous les
mouvements et tous les essais possibles
de ses membres. Le premier mouvement
qui animera sa physionomie, sera une ré-
ponse à la première caresse: le langage
des signes conduit à celui des sons articu-
lés ; d'après cela, ne laissez développer
ses sens que par une juste gradation, gradation nécessaire et indispensable pour
conduire leurs instincts aux premiers élé-
ments de la raison.

L'attention des mères ne doit pas se
fixer aux soins qu'exigent les enfants dès
le premier âge, elles doivent partager celui du second avec leurs époux ; cette époque est le plus intéressant de leur vie ; car
les traces qu'aura faites dans leur cerveau
le burin de la crédulité se conservera
quand ils seront hommes. N'enchaînons
pas leurs idées, apprenons leur à n'agir, et
à ne penser que d'après leur conception.

Nés citoyens français faits pour être libres, ne les assimilons pas à la plupart des habitans de l'Europe qui ne sont que de vils esclaves dont l'éducation pusillanime ne fait que des automates qui ne se dirigent que par le fil de l'habitude : laissons leurs développer leurs premières idées, ne nous attachons qu'à les rectifier par des définitions jutes et toujours à la portée de leur perception morale. Dès que nous leurs appercevrons de la suite dans le propos, sans chercher à devancer chez eux l'ordre de la nature, ce qui serait pernicieux à leur développement physique, comme l'exemple nous l'a prouvé plus d'une fois. Profitons de ce moment de perfection, de leur entendement qui est, pour l'homme, l'aurore de la raison, dès qu'il se fera sentir chez eux, appuyons nos raisonnomens relatifs ou instructifs par des tableaux frappants. Faisons leur en sentir la force par des comparaisons palpables. D'après les mêmes principes, et par les mêmes moyens, inspirons leurs de l'huma-

nité, faisons leur appercevoir le vrai patriotisme et l'étendue de ses devoirs : que
les fastes des Grecs et des Romains leur
soient familiers, apprenons leur par des
effets analogues à leurs sensations à distinguer le mal du bien, le vrai du faux :
donnons leur des idées de la Divinité
comme d'un être tout puissant, juste et
bienfaisant qui veille continuellement à la
conservation de l'homme ; portons les à
l'honorer par un culte simple et sincere
et à laimer par reconnaissance, c'est le
premier pas de la nature. Éloignons d'eux
toutes pratiques stupides et barbares
qui deshonnorent Dieu, fulminent la
raison et tout sentiment de crainte qui
les condamnent tout le tems de leur
vie à une enfance morale. A mesure que
leur entendement se perfectionnera, faisons leur le tableau de la société par ses
agréments et ses peines, instruisons les
des conventions nécessaires à sa conservation et prouvons leur en la nécessité, qu'ils
sachent de bonheure ce que c'est qu'un
citoyen, les devoirs qu'il a remplir, la
différence qu'il y a entre un citoyen et un

sujet, et les avantages que procure au premier la liberté : en suivant de près les progrès de la raison chez eux et les dirigeant avec une attention sérieuse et suivie, nous leur donnerons aisément la justesse dans les idées d'où naîtra nécessairement la droiture et l'équité le centre des bonnes mœurs. Il seront polis sans avoir besoin de politesse, ou du moins ils n'auront point celle des graces, mais celle du cœur l'appanage de l'honète homme et du bon citoyen.

Vers la fin du second lustre, qu'ils sortent de la maison paternelle pour entrer aux écoles nationales, et que d'après les principes de leur enfance, leur éducation générale y soit continuée et que leur éducation particuliere ne s'en éloigne jamais que dans les objets de détail qui seront relatifs aux différentes professions qu'ils doivent exercer dans la société. A mesure que leurs facultés morales se développeront, les instituteurs doivent leur apprendre que dans un état libre, il n'est pas

d'intérêts particuliers et que le bien commun se confond dans l'intérêt général,
que la prospérité des empires dépend ab-
solument de la tranquillité des peuples et
que par conséquent l'amour de l'ordre est
le premier sentiment qui doit animer les
Français de tous les états et de tous les
âges ; qu'ils leurs fassent appercevoir dans
les crits des historiens anciens et moder-
nes que les hommes n'ont jamais été in-
conséquents dans leurs actions, que parce qu'ils ont été chancelants dans leurs
principes ; qu'ils les élevent sur des faits,
qu'ils les forment sur des bases : chaque
jour leur fournira des moyens d'assurer
leurs édifices. Dès que le physique se fera
sentir chez eux, instituteurs surveillans,
professeurs habiles, soyez les Dieux tuté-
laires de vos éléves et honorez, s'il est
possible vos fonctions, redoublez de zele,
rendez vous dignes de la confiance de la
patrie, vous avez dans vos mains ses défenseurs, ses juges, ses magistrats, ses
prêtres et même ses législateurs seuls arbitres de ses destins, elle attend tout de
votre

votre activité avec la naïveté de l'honête homme, la douceur d'un père et la fermeté de Caton. Apprenez à votre élève que le vrai bonheur est la santé, puisque sans elle, tout sentiment moral et physique est à charge et que sa conservation consiste dans l'usage modéré des facultés physiques, modération que l'homme ne peut observer qu'en ne confondant pas les besoins factices de l'homme en société avec les besoins de la nature. Faites leurs distinguer l'amour principe du monde physique et ce sentiment ébauché qu'on appelle galanterie qui est d'adorer sans aimer et à offrir un culte sans conséquence à toutes sortes de divinités.

Chez tous les peuples sages, l'établissement de la censure a été un secret admirable pour éloigner la décadence des mœurs. Que ne doit-on pas espérer de cet établissement dans une école nationale pour les améliorer ? Un censeur serait un homme précieux à plus d'un titre, choisis et par ses talents et par l'âge parmi les instituteurs, ses fonctions divisées

G

sous deux rapports , seraient de la plus grande importance pour retenir la jeunesse dans les bornes de la vérité , lui faire détester le vice et faire naître du sein de nos écoles des Numa et des Paul-Emile.

La première fonction du censeur sera de rappeller les jeunes gens de leurs erreurs morales et physiques, d'étouffer en eux la moindre pente au mal et même comme à Rome, armé du fouet de l'opprobre, les punir rigoureusement de ces vices de l'ame et du cœur (b) qui deshonorent l'homme et avilissent l'humanité, sur lesquels la loi, jusqu'à ce jour, a été muette et qui n'ont eut de châtiment que le remord et l'improbation tacite de l'honnête homme.

La seconde de ses fonctions ne sera pas moins intéressant,e c'est de développer l'esprit de chaque individu, et d'après l'expérience , pressentir son gout naturel, et son aptitude pour tel ou tel état; en le sui-

—————————

(b) La perfidie, l'ingratitude, la mauvaise foi, la séduction et la calomnie.

vant de près, il ne se trompera jamais,
(c). Démocrite pressentit le génie de Pro-
tagoras en le voyant un jour arrenger sy-
métriquement des fagots pour les tenir
en équilibre. Dans le siècle dernier, un ma-
thématicien devina celui du jeune Pas-
chal, en lui voyant tracer avec du charbon
les signes des élémens d'Euclide (d). Dès
lors les élèves livrés au genre d'étude ou de
travail que leur aptitude aura déterminé, y
feront sûrement des progrès rapides et l'on
verra naître, de toutes les contrées de l'empire, des hommes célébres qui, non con-
tents de se satisfaire eux-mêmes, rendront de grands services à la patrie.

Il serait bien fait que tous les ans, de
mois en mois, par des exercices scholas-
tiques, on rappelle aux jeunes gens les tableaux les plus frappants des actes de patriotisme des Grecs et des Romains, sous
différents rapports. Les premieres impressions de l'homme sont inéfaçables et leur

---

(c) Philosophie de la nature.
(d) Philosoph. de la nat.

influence le maîtrise , pour ainsi dire,
toute la vie.

Censeurs! Instituteurs! portez vos éléves à ne voir dans l'amitié que l'émulation
des vertus, dans le mariage une loi de société d'où dépend la tranquilité morale de
ceux qui la composent; mais, surtout,
qu'ils voyent dans l'amour de la patrie
une affection réelle, un attachement prin-
cipal ; vous rendrez bientôt le pere plus
cher à son fils, l'épouse à son époux et
le citoyen sera tout entier à sa patrie; le
peuple Français dont l'éducation aura
pour base des principes aussi sages et
aussi analogues à son système politique,
devenant bientôt le premier peuple de
l'univers, réunira, dans peu, le caractere
de Brutus à l'âme de Marc-Aurele.

De l'Imprimerie de Pain, Libraire,
au Palais-Royal N?. 145.

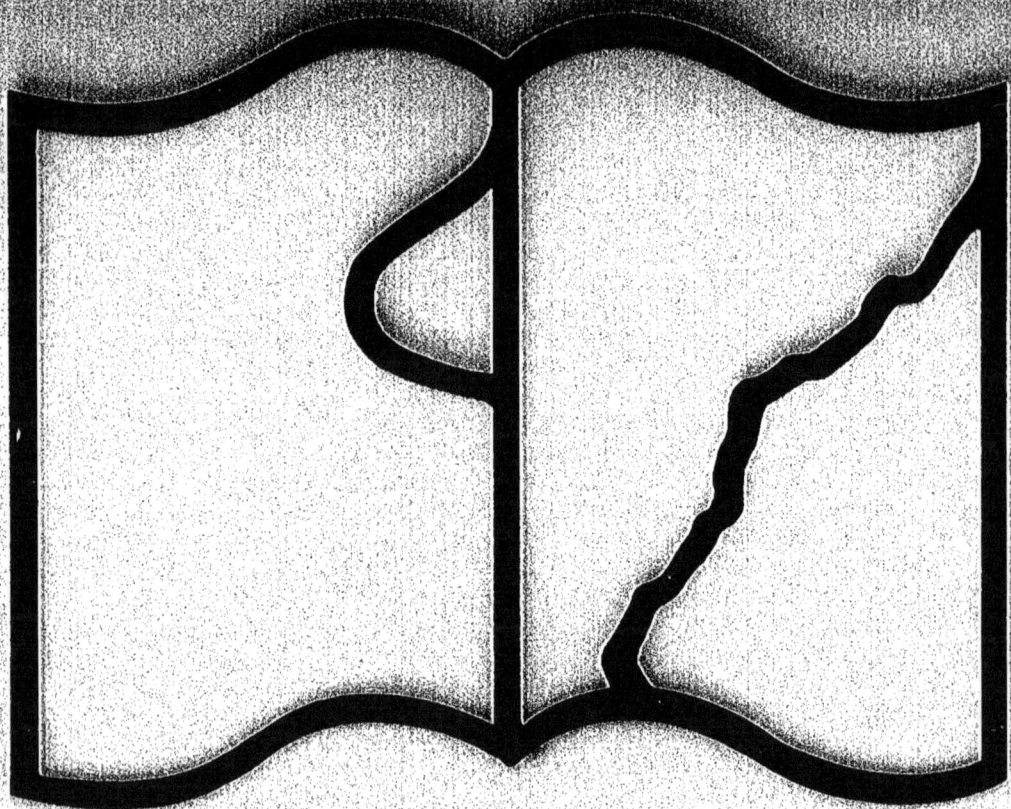

Texte détérioré — reliure défectueuse

NF Z 43-120-11

www.ingramcontent.com/pod-product-compliance
Lightning Source LLC
Chambersburg PA
CBHW071103210326
41519CB00020B/6140